Rebecca Schwarz

Hartmann von Aues "Armer Heinrich". Darstellung der Lepra und der Heilmethoden vor dem historischen Hintergrund

GRIN Verlag

Bibliografische Information der Deutschen Nationalbibliothek:

Die Deutsche Bibliothek verzeichnet diese Publikation in der Deutschen Nationalbibliografie; detaillierte bibliografische Daten sind im Internet über http://dnb.d-nb.de/ abrufbar.

Impressum:

Druck und Bindung: Books on Demand GmbH, Norderstedt Germany
ISBN: 978-3-668-00520-4

Dieses Buch bei GRIN:

http://www.grin.com/de/e-book/301748/hartmann-von-aues-armer-heinrich-darstellung-der-lepra-und-der-heilmethoden

Karlsruher Institut für Technologie (KIT)
Institut für Literaturwissenschaft
Abt. Germanistische Mediävistik und Frühneuzeitforschung
PS *Daz bluot ist sînes herzen last: Medizinisches Wissen in deutschen Texten des Mittelalters*
(SS 2012)

Hartmanns von Aue *Armer Heinrich*

Darstellung der Lepra und der Heilmethoden vor dem historischen Hintergrund

Rebecca Schwarz
Germanistik (HF); MA
3. Semester

Inhaltsverzeichnis

1. Einleitung

Die Infektionskrankheit Lepra zählt zu den schwerwiegendsten Seuchen des Mittelalters und fand vor allem in den dicht besiedelten Städten mit mangelnder Hygiene die besten Möglichkeiten zu einer weit reichenden Verbreitung. Dennoch zählt Lepra zu den am wenigsten ansteckenden Krankheiten. Daher ist davon auszugehen, dass nicht alle Personen, an denen die mittelalterlichen Zeitgenossen das ‚mycobacterium leprae‘ vermuteten oder diagnostizierten, tatsächlich an Lepra erkrankt waren. Vermutlich hatten sie vielmehr andere Hauterkrankung, die mit entstellten Hautpartien oder Gliedmaßen einhergingen, zu erdulden.[1]

Die Hochzeit ihrer Verbreitung erfuhr die Lepra wahrscheinlich im 13. Jahrhundert. Die Bevölkerungszahlen erhöhten sich zu diesem Zeitpunkt maßgeblich, der Infektion bot sich demnach genug Nährboden. Innerhalb dieses Zeitraums kam es auch vermehrt zur Gründung von so genannten Leprosorien, in denen die Leprakranken außerhalb der Städte untergebracht und versorgt wurden.[2] Historiker von heute vermuten, dass bereits im 12. Jahrhundert etwa 19.000 Leprosenhäuser in ganz Europa bestanden. Dabei ist immer noch nicht im vollen Umfang geklärt, wie die mittelalterlichen Zeitgenossen den Erkrankten begegneten.[3] Der weit verbreitet Terminus ‚Aussatz‘ macht die gesellschaftlichen und sozialen Folgen der Infizierten deutlich: Von den Gesunden abgeschottet, fristeten sie ihr Leben von nun an – im besten Fall – in den Leprosorien oder zogen auf Almosen angewiesen als Bettler von Stadt zu Stadt.[4] Es ist allerdings unklar, ob dieses Bild der ausgestoßenen Leprakranken tatsächlich auf der mittelalterlichen Vergangenheit beruht, oder erst im 19. Jahrhundert vorsätzlich mit den Vorstellungen des Mittelalters verbunden wurde, um die Zwangsisolierung von den zu dieser Zeit an Lepra Erkrankten durchzusetzen.[5]

Fest steht, dass die mittelalterlichen Behandlungsmethoden vielfältig sind und aus heutiger Sicht oft auch abenteuerlich wirken. Sie beruhten sowohl auf der hippokratischen Humorallehre als auch auf dem Glauben an Gott. Jedoch war die Lepra im Mittelalter nicht heilbar. Die vielfältigen medizinischen Pflegen und Therapien konnten maximal eine Linderung der Infektionsfolgen herbeiführen. Verbreitet war ebenso der Blutaberglaube, der auch in Hartmanns von Aue Erzählung *Der arme Heinrich* hineinspielt. Das Werk entstand vermutlich um 1190 und gibt sowohl einen Einblick in die sozialen Folgen der Lepra als auch in die Medizin des Mittelalters und den damit verbundenen Glauben in Gottes Kraft und sein Wirken.

---

1 Vgl.: Mary Dobson: Seuchen, die die Welt veränderten. Von Cholera bis Sars, Hamburg 2009, S. 20-27.

2 Vgl.: Kay Peter Jankrift: Mit Gott und schwarzer Magie. Medizin im Mittelalter, Darmstadt 2005, S. 121.

3 Vgl.: Dobson: Seuchen, die die Welt veränderten, S. 20-27.

4 Vgl.: Ulrich Knefelkamp, Kristian Bosselmann-Cyran (Hgg.): Grenze und Grenzüberschreitung im Mittelalter. 11. Symposium des Mediävistenverbandes vom 14. bis 17. März 2005 in Frankfurt an der Oder, Berlin 2007, S. 408.

5 Vgl.: Dobson: Seuchen, die die Welt veränderten, S. 20-27.

Diese Arbeit setzt sich unter Berücksichtigung des historischen Hintergrunds mit der Verserzählung *Der arme Heinrich* auseinander und gibt dabei zuerst einen kurzen Einblick in den Krankheitsverlauf der Lepra. Zum besseren Verständnis geht sie näher auf die Medizin des Mittelalters sowie das ‚examen leprosum' – auch genannt Lepraschau – ein und vergleicht diese Aspekte mit dem Werk Hartmanns. Welche medizinischen Vorstellungen der Krankheit und ihrer Behandlung greift der Autor auf und wie sind diese mit den tatsächlichen Vorgehensweisen mittelalterlicher Ärzte vereinbar? Mit welchen gesellschaftlichen Folgen hat Heinrich zu kämpfen und wie genau waren die Behandlungsmethoden, wenn im Mittelalter ein Mensch an Lepra erkrankt war? Dabei geht diese Arbeit auch näher auf den Blutaberglauben ein und wie Hartmann diesen in seinem Werk umsetzte. Am Ende soll aufgezeigt werden, ob und inwiefern die medizinische Betreuung in *Der arme Heinrich* mit den heute in der Forschung bekannten Fakten der Lepratherapie im Mittelalter übereinstimmt.

2. Die Infektionskrankheit Lepra

Heutzutage unterscheiden die Mediziner vier Formen der Lepra: Ist das Immunsystem des Infizierten stark genug, kann es ihn vor dem ‚mycobacterium leprae' schützen, ohne dass die bekannten Symptome auftreten. Bei einem schwachen Immunsystem jedoch kommt es zur tuberkuloiden Form der Lepra. Hierbei greift die Krankheit das Haut- und Nervengewebe an. Auffällige Hautflecken und die Bildung von Knoten auf der Haut sind die Folge. Wenn die Immunreaktion des Körpers jedoch gar nicht oder zu spät einsetzt, erkrankt die infizierte Person an der lepromatösen Lepra. Das Bakterium kann sich ungehindert im ganzen Körper ausbreiten. Zahlreiche Knoten im Gesicht, die im Laufe des Befalls miteinander verwachsen sowie der Verlust der Augenbrauen und das Einsinken der Nase bilden mit der Zeit das für die Krankheit typische ‚Löwengesicht'. Knochen und Knorpel werden von der Lepra angegriffen und auf den Schleimhäuten in Nase und Hals entstehen Geschwüre. Schließlich dringt der Erreger in die Blutbahn ein und infiziert die inneren Organe. Die befallenen Hautpartien sind dabei taub und gefühllos, weshalb dem Erkrankten äußere Verletzungen verborgen bleiben und Geschwüre sich ungehindert bilden. Zuletzt kommt es zur Deformation von Händen und Füßen, der Zerstörung des Nervensystems und zur Erblindung.[6]

Sowohl der Verlauf der Krankheit nach ihrem Ausbruch als auch ihre Inkubationszeit sind extrem lang. Leprakranke Patienten können noch jahrelang unter ihren Gebrechen leiden. Zudem können bis zum Aufkommen der Krankheit Monate bis Jahre vergehen. Heute sind den Medizinern

6 Vgl.: Jankrift: Mit Gott und schwarzer Magie, S. 119f.

Inkubationszeiten von 20, 30 und sogar 40 Jahren bekannt.[7]

3. Lepra im Mittelalter – das Schicksal der Erkrankten

Wer an Lepra erkrankte, hatte den mittelalterlichen Vorstellungen zufolge die Strafe Gottes für ein sündhaftes Leben auf sich geladen. Der übermäßige Genuss von Alkohol und fetten Speisen sowie ungezügelte Triebhaftigkeit nahmen nach Meinung der Zeitgenossen unmittelbar Einfluss auf die Gesundheit und konnten demnach mit einer Infektion zusammenhängen.[8]

> „Der Aussatz, der von Schlemmerei und Trunksucht herrührt, läßt rötliche Geschwülste [...] entstehen [...]. Der durch die Leber verursachte Aussatz macht an der Haut und im Gewebe des Menschen bis auf die Knochen herab Risse und schwarzgefärbte Stellen. Aussatz aber als Folge der Wollust verursacht breitflächige Geschwüre, einer Baumrinde ähnlich, während unter ihnen die Gewebe rötlich gefärbt erscheinen."[9]

Die Reaktionen auf Leprakranke waren angesichts der teilweise stark entstellten Körper entsprechend vielfältig: Entsetzen, Furcht oder auch Anfeindungen waren die Erkrankten ausgesetzt. Doch ihnen begegneten auch Mitgefühl und Wohltätigkeit.[10] Denn obwohl nach der mittelalterlichen Auffassung die Erkrankten selbst Schuld an ihrer misslichen Lage hatten, betrachteten die Menschen im Mittelalter die Pflege der Leprakranken aufgrund ihres Glaubens an Christus als eine Tat christlicher Nächstenliebe, denn die Ausstoßung von Kranken aus der Gemeinschaft ließ sich nur schlecht mit den religiösen Vorstellungen vereinbaren.[11] Verbreitet war auch das Bild einer harten Prüfung Gottes, der sich die Erkrankten zu unterziehen hatten. Demnach würden sie von Gott auf die Probe gestellt werden und hätten bei Bewährung am Ende ihres Leidens eine Läuterung erlangt. Folglich seien sie vor dem Fegefeuer verschont und erreichten nach ihrem Tod sogleich Eingang ins Himmelsreich.[12]

Doch bereits im Mittelalter war den Menschen bewusst, dass die Lepra übertragbar ist. Dies wirkte sich selbstverständlich tiefgreifend auf den Umgang mit der Krankheit und den Infizierten aus. So finden sich im 13. und 14. Kapitel des Buches Leviticus Instruktionen für den Umgang mit Lepraverdächtigen und -kranken. Hiernach sollten bedenkliche Hautstellen von Priestern begutachtet werden, wonach sie eine Diagnose stellen sollten, die entscheidend für die Zukunft des Betroffenen war. Bei der Diagnose ‚unrein' durften die Erkrankten auch an religiösen Handlungen,

7 Vgl.: Jankrift: Mit Gott und schwarzer Magie, S. 120 (Anm. 5).
8 Vgl.: Hannah Lesshafft: Krankheits- und Therapiekonzepte der Lepra im mittelalterlichen Deutschland. In: Die Klapper 14 (2006), S. 11.
9 Hildegard von Bingen: Heilkunde. Das Buch von dem Grund und Wesen und der Heilung der Krankheiten, hg. von Heinrich Schipperges, Salzburg 1957, S. 243.
10 Vgl.: Jankrift: Mit Gott und schwarzer Magie, S. 120.
11 Vgl.: Lesshafft: Krankheits- und Therapiekonzepte der Lepra im mittelalterlichen Deutschland, S. 12.
12 Vgl.: Knefelkamp, Bosselmann-Cyran (Hgg.): Grenze und Grenzüberschreitung im Mittelalter, S. 411.

beispielsweise dem Gottesdienst, nicht länger teilnehmen, ehe die Krankheitssymptome verschwunden waren. „Solange der Befund auf ihn zutrifft, ist er unrein; er bleibt unrein und soll darum abgesondert wohnen; außerhalb des Lagers sei sein Aufenthalt“[13],[14]

Trat die Lepra in einigen Gebieten übermäßig oft zu Tage, erwirkten die zuständigen Behörden häufig eine allgemeine Anzeigepflicht. Verdächtige Personen waren zu melden. Solche Anzeigen konnten selbstverständlich auch auf verunsicherten Menschen oder gar missgünstige Nachbarn zurückgehen, doch solchen Handlungen wurde entgegengesteuert, indem teilweise nur streng festgelegte Berufsgruppen – Pfarrer, Bader oder Ärzte – für die Meldungen zugelassen wurden. Wer als Verdächtig gemeldet worden war, bekam letztendlich den Befehl, sich zu einem examen leprosorum einzufinden.[15]

3.1 Die Untersuchung: ‚examen leprosorum‘

Die Zusammensetzung der Prüfer einer Lepraschau war abhängig von der Region und variierten auch mit der Zeit. So konnte das Gremium nur aus Geistlichen bestehen, beispielsweise in Trier, oder auch aus städtischen Wundärzten, wie im spätmittelalterlichen Frankfurt.[16] Teilweise untersuchten somit Mediziner die Verdächtigen. Aber auch durch Eid verpflichtete Bewohner eines Leprosoriums, also an Lepra erkrankte Personen, konnten die Untersuchungen vornehmen. Indem das ‚examen leprosorum‘ nicht im Heimatort der Lepraverdächtigen stattfand und somit von einem ortsfremden Rat durchgeführt wurde, sollte gewährleistet werden, dass die Lepraschau ohne eine subjektive und parteiische Beurteilung verfälscht werden konnte.[17]

Während der Untersuchung inspizierte die Kommission als charakteristisch geltende Kennzeichen der Lepra, diese galten als ‚sichere‘ beziehungsweise ‚unsichere‘ Merkmale. Ein bekanntes waren beispielsweise die gefühllosen Hautflecken.[18] Während der Lepraschau inspizierte das Gremium somit die Haut aber auch Hände, Füße und die Gelenke. Doch vor allem das Gesicht eines Verdächtigen wurde gewissenhaft untersucht, da das bereits in Kapitel 2 erwähnte ‚Löwengesicht‘ als sicheres Indiz galt. Es kam zur Überprüfung der Nase, ob Geschwulste in den Nasengängen vorhanden waren oder ob sie eingesunken war beziehungsweise dieser Vorgang bereits eingesetzt hatte. Hatte die Lepra den Kehlkopf und die Stimmlippen angegriffen, konnte hierüber eine Singprobe Aufschluss geben. Mithilfe der Daumenballenprobe konnte Muskelschwund festgestellt und unter Verwendung der Nadelprobe die Empfindlichkeit verdächtiger Hauptpartien getestet

13 Jankrift: Mit Gott und schwarzer Magie, S. 120 (Anm. 12).
14 Vgl.: Jankrift: Mit Gott und schwarzer Magie, S. 120.
15 Vgl.: Knefelkamp, Bosselmann-Cyran (Hgg.): Grenze und Grenzüberschreitung im Mittelalter, S. 403.
16 Vgl.: Jankrift: Mit Gott und schwarzer Magie, S. 132 (Anm. 63).
17 Vgl.: Jankrift: Mit Gott und schwarzer Magie, S. 132.
18 Vgl.: Ebd., S. 133.

werden.[19]

Aufgrund der hippokratischen Humorallehre, auf die diese Arbeit in Kapitel 3.3.1 noch näher eingeht, untersuchten die Lepraschauer schließlich noch den Urin sowie das durch den Aderlass gewonnene Blut des Verdächtigen. Die Kommission rechnete bei der Seihprobe damit, dass in dem Leinentuch, in dem das Blut geschwenkt wurde, Körnchen, also erdige Rückstände, zurückbleiben würden. Bei einem Überfluss an schwarzer Galle müsste sich dieses aus mittelalterlicher Sicht im Körper von Leprakranken finden. Bei der Urinprobe wurde eine dunkle Färbung des Urins erwartet.[20] Die besten Rahmenbedingungen für eine Lepraschau waren regional unterschiedlich festgelegt. So fand sie im Kölner Melatenhaus nur am Tag und bei ausreichend Lichteinfluss statt. In der französischen Medizinalhandschrift aus dem Ende des 15. Jahrhunderts jedoch steht geschrieben, dass die Untersuchung bei Mondlicht zu Stande kommen sollte. Denn im Mondlicht erscheine die Haut eines Leprakranken wie Marmor. Ein gesunder Mensch jedoch nehme ein bleiches Aussehen an.[21]

Es ist Fakt, dass die Lepra im Mittelalter nur schwer zu diagnostizieren war. Die Anzeichen eines frühen Krankheitsstadiums, also eine knotige Haut oder Schuppen, sind nicht charakteristisch genug und können somit nicht allein für eine Diagnose in Frage kommen. Auch andere Krankheitszeichen, wie gefühllose Körperstellen, Haarausfall oder schlechter Atem, konnten nicht nur auf die Lepra zurückzuführen sein sondern auch von anderen Erkrankungen herrühren. Dementsprechend variierte auch die Zuverlässigkeit der Lepraschau. Fehlentscheidungen waren nicht auszuschließen, weder im falsch positiven noch im falsch negativen Sinn, wobei jedoch davon auszugehen ist, dass die falsch positiven Diagnosen die Mehrheit ausmachten.[22]

Die am Ende der Untersuchung stehende Diagnose hielt die Kommission im so genannten Lepraschaubrief fest. ‚Rein' oder ‚unrein' lautete der Befund. Bei ‚mundus' galt der Untersuchte als rein und nicht an Lepra erkrankt. ‚Immundus et leprosus' bedeutete, dass die Person als unrein und leprakrank eingestuft wurde. Es kam jedoch auch vor, dass während der Lepraschau keine Diagnose gestellt werden konnte. In diesem Fall hatte sich der Verdächtige zu einer Nachuntersuchung einzufinden. Mit dem Lepraschaubrief konnten Personen mit verdächtig aussehenden Hautpartien immer nachweisen, dass sie sich bereits bei einer Lepraschau eingefunden hatten und gesund waren. Leprakranken Personen jedoch erlaubte das Schriftstück das Betteln an ertragreichen Standpunkten, etwa dem Stadttor oder vor Kirchenportalen sowie an gewinnbringenden Feiertagen, Messen oder Jahrmärkten. Auch bei der Unterbringung in einem Leprosorium mussten die Betroffenen den

19 Vgl.: Knefelkamp, Bosselmann-Cyran (Hgg.): Grenze und Grenzüberschreitung im Mittelalter, S. 402.
20 Vgl.: Ebd., S. 403.
21 Vgl.: Jankrift: Mit Gott und schwarzer Magie, S. 133f.
22 Vgl.: Knefelkamp, Bosselmann-Cyran (Hgg.): Grenze und Grenzüberschreitung im Mittelalter, S. 402f.

Lepraschaubrief vorzeigen.

3.2 Leprosenhäuser

Wer nach der Untersuchung als Leprakrank eingestuft worden war, fand unter Umständen in einem Leprosorium eine Bleibe, denn nach der Diagnose hatte er keinerlei Recht an seinen Besitztümern, wobei dieses rechtliche Vorgehen auch regionalen Unterschieden unterworfen war. Der Nachlass des Kranken wurde den Erben zugesprochen, zudem war es den Infizierten nicht länger gestattet, ihrem Beruf nachzugehen. Ihr neues Einkommen bestand demnach aus Almosen und Spenden.[23]

Im Jahre 460 kam es zur ersten Gründung eines solchen Hauses in Saint-Oyan in Jura.[24] Vermehrt traten die Leprosenhäuser schließlich um 1350, als die Einwohnerzahlen in den Städten rasch zunahmen, auf. Frankreich wirkte auf diesen Vorgang wohl auch maßgeblich ein, denn hier hatte sich bereits im 12. Jahrhundert ein engmaschiges Netz für die Pflege der an Lepra Erkrankten gebildet. Dabei waren die Leprosorien stets vor den Mauern der Städte zu finden, denn die Angst, sich mit einer solchen Krankheit zu infizieren, war selbstverständlich groß.[25]

In den Leprosenhäusern fanden die Leprakranken eine Unterkunft, nachdem sie aus der Gemeinschaft der Gesunden ausgeschlossen worden waren. Sie erhielten auch ausreichend Speis und Trank, Kleidung sowie zum Teil medizinische Versorgung.[26] Zumindest in einigen Leprosorien wurde versucht, den Zustand der Erkrankten wenigstens teilweise zu verbessern. Der Stadtarzt leitete solche Eingriffe, bei denen auch Bader, Barbiere und Wundärzte vor Ort anzutreffen waren. Die Behandlung der Leprakranken reichte von der Pflege und Versorgung der Infektionen, Schwellungen, Wunden und Geschwulsten mit Kräuterbädern, Salben, Pflastern und Umschlägen bis hin zu chirurgischen Behandlungen.[27]

Suchten die Leprakranken die Städte beispielsweise zum Betteln auf, konnten die Bewohner sie an ihrer Kleidung erkennen, die meist aus einem langen grauen Mantel mit Kapuze bestand. Durch das Schlagen einer Klapper oder Schelle konnten sie die Gesunden zeitig auf ihre Anwesenheit aufmerksam machen. Zudem bedienten sie sich eines langen Stocks, mit dem sie auf Gegenstände, die sie erwerben wollten, zeigen konnten. Auf diesem Weg vermieden sie es, die Objekte direkt zu berühren.[28]

---

23 Vgl.: Steffi Kühnel: Civitas Berolinensis. Gesichtstouren zu den Anfängen der Hauptstadt, Berlin 2010, S. 106.
24 Vgl.: Jankrift: Mit Gott und schwarzer Magie, S. 138 (Anm. 83).
25 Vgl.: Jankrift: Mit Gott und schwarzer Magie, S. 138.
26 Vgl.: Ebd., S. 130.
27 Vgl.: Knefelkamp, Bosselmann-Cyran (Hgg.): Grenze und Grenzüberschreitung im Mittelalter, S. 412f.
28 Vgl.: Kühnel: Civitas Berolinensis, S. 107.

3.3 Mittelalterliche Behandlungsmethoden

3.3.1 Die hippokratische Humorallehre und Medizin im Mittelalter

Die im Mittelalter verbreitete hippokratische Humorallehre richtet sich nach den Grundsätzen der galenischen Säftelehre aus. Laut dieser hängen die Gesundheit sowie die charakteristischen Eigenheiten des Menschen unmittelbar mit der Mischung seiner vier Körpersäfte zusammen: Blut, gelbe Galle, schwarze Galle und Schleim. Die Zeitgenossen glaubten, dass Herz, Leber, Milz und Gehirn diese Säfte erzeugen würden. Sobald die Zusammenstellung der Säfte in Ungleichgewicht gerate, würde demnach der Körper mit Krankheiten oder einer Charakterveränderung reagieren. Dabei hatte jeder Saft zwei Beschaffenheiten inne: ‚trocken' oder ‚feucht' und ‚kalt' oder ‚warm'. In gleicher Weise wurde mit Lebensmitteln verfahren.[29]

Der hippokratischen Humorallehre folgend, mussten erkrankte Personen ihre Ernährung spezifisch ausrichten, um auf diesem Weg wieder ein Gleichgewicht ihrer Körpersäfte herzustellen. Hildegard von Bingen entwickelte zudem die Signaturenlehre, die davon ausgeht, dass bei einer falschen Temperierung der Säfte Arzneien, deren Naturell dem der Säfte entspreche, zur Genesung beitragen würden.[30]

Auch die Miasmatheorie war im Mittelalter verbreitet. Gemäß dieser Theorie sonderten Boden, Wasser sowie die Erkrankten selbst fäulnisartige Transpiration aus. Durch Inhalieren solcher Dämpfe, beispielsweise während einer Unterhaltung mit erkrankten Personen, könnte die Krankheit demzufolge auf gesunde Menschen übergreifen. Diese Vorstellung beeinflusste selbstverständlich den Umgang mit den an Lepra Erkrankten, da viele Leute fürchteten, sich bei Kontakt mit den Infizierten der Gefahr einer Erkrankung auszusetzen.[31]

Bei der Behandlung von Krankheiten im Mittelalter fiel jedoch auch der Glaube an Gott und die Heiligen entscheidend ins Gewicht. Da die Krankheit den mittelalterlichen Vorstellungen zufolge von Gott ausgeht, der damit die Menschen für ihre Sündhaftigkeit bestraft, und er mit seinem Unmut eine ganze Gemeinschaft strafen kann, wurden auch Seuchen wie Lepra auf ihn zurückgeführt. Hatten Ärzte und ihre Medikamente zu keinerlei Besserung bei den Kranken geführt und galt die Krankheit vielleicht sogar als unheilbar, wendeten sich die Betroffenen in ihrem Unglück Gott sowie den Heiligen zu und beteten um Gnade und Heilung.[32]

29 Vgl.: Lesshafft: Krankheits- und Therapiekonzepte der Lepra im mittelalterlichen Deutschland, S. 11.
30 Vgl.: Jankrift: Mit Gott und schwarzer Magie, S. 131.
31 Vgl.: Lesshafft: Krankheits- und Therapiekonzepte der Lepra im mittelalterlichen Deutschland, S. 12f.
32 Vgl.: Jankrift: Mit Gott und schwarzer Magie, S. 15-18.

3.3.2 Medikamente und Therapiemaßnahmen

Durch die verbreitete hippokratische Humorallehre waren die Zeitgenossen der Auffassung, dass die Leprakranken an einem Übermaß an schwarzer Galle oder auch schwarzem Blut litten. „Aber die Lepra kommt oft von der schwarzen Galle und vom schwarzen überflüssigen Blut“[33]. Hildegard von Bingen erklärte weiterhin: „Daher gerinnt in ihnen das so gefährliche, giftige, dicke und trockene Phlegma, das nicht feucht, sondern bitter ist; dieses läßt dickes, schwärzliches und schlappes Zellgewebe wachsen“[34]. Dementsprechend fielen die Therapiemaßnahmen aus. Für die Wiederherstellung des Gleichgewichts der Körpersäfte wurden Schwitzkuren, Brech- und Abführmittel aus Pflanzen und Kräutern hergestellt, aber auch der Aderlass war eine gängige Maßnahme.[35] Außerdem sollten die Erkrankten bestimmte Diäten einhalten, beispielsweise auf fetthaltiges Essen verzichten oder Lebensmittel von „melancholischer Qualität“[36] – Rindfleisch, Kohl oder auch Käse – meiden.[37]

Da der schwarzen Galle ein ‚kaltes‘ Charakteristikum zugesprochen wurde, versuchten die Heilkundigen, diesen mit ‚temperierenden‘ Stoffen entgegen zu wirken. Ein bekanntes Medikament zur Behandlung der Lepra waren zudem Schlangengift und Vipernfleisch. Die Fähigkeit des Häutens der Schlangen brachten die Zeitgenossen mit der Krankheit in Verbindung und versuchten, durch den Verzehr eine Hauterneuerung bei den Infizierten zu bewirken. Weiterhin sollten das Gift sowie das Fleisch den Überfluss an schwarzer Galle und Schleim im Körper herabsetzen. Pflanzen mit schlangenähnlichen Eigenschaften, wie rankende oder sich ringelnde Kräuter, konnten Abhilfe schaffen, wenn keine Schlangen zur Verfügung standen. Ein gängiges Kraut bei der Lepratherapie war zudem Erdrauch, das durch seine äußere Erscheinung – grau, farblos und mit auffälligen „purpurroten bis schwarzengespornten Blüten“[38] – der Krankheit ähnelte und zudem seinem Namen nach vor dem schädlichen Miasma schützen sollte. Hildegard von Bingen entwickelte noch andere therapeutische Maßnahmen und Medikamente, deren Zusammensetzungen aus heutiger Sicht fragwürdig erscheinen. So geht eine Salbe auf sie zurück, die aus zerstoßenem Schwalbenkot, Klettenkraut und Schwefel, durchsetzt mit dem Fett von Storchen und Geiern bestand. Sie entwickelte zudem ein schmerzstillendes Mittel aus Einhornleber.[39]

Erst Paracelsus zweifelte an der Wirksamkeit der hippokratischen Humorallehre: „Darum soll der Arzt wissen, daß alle Krankheiten auf die 3 Substanzen und nicht auf die 4 Elemente

33 Hildegard von Bingen: Heilkraft der Natur. „Physica“. Rezepte und Ratschläge für ein gesundes Leben, hg. von der Basler Hildegardgesellschaft, Freiburg 1993, S. 457.
34 Hildegard: Heilkunde, S. 95.
35 Vgl.: Kühnel: Civitas Berolinensis, S. 106.
36 Antje Schelberg: Leprosen in der mittelalterlichen Gesellschaft, Diss. Göttingen 2000, S. 85.
37 Vgl.: Lesshafft: Krankheits- und Therapiekonzepte der Lepra im mittelalterlichen Deutschland, S. 11.
38 Ebd., S. 12.
39 Vgl.: Ebd., S. 11f.

zurückzuführen sind. Die […] Elemente haben mit den Heilmitteln, welche die Krankheitsursachen bekämpfen, nichts zu tun [...]"[40]. Stattdessen empfahl er, die Therapie aus Kräutern und Pflanzen durch den Einsatz von Mineralien zu ersetzen. Auf diesem Weg sollten Gold-, Silber-, Antimon- und Quecksilberverbindungen einen alchemistischen Vorgang auslösen, der die edlen von den unedlen Metallen trennt.[41] Auch Schwefel, Teer und Erdöl kamen zum Einsatz.[42]

3.3.2.1 Die Bluttherapie

Eine weitere, und im armen Heinrich entscheidende, Therapiemaßnahme für die Behandlung leprakranker Patienten im Mittelalter war die Bluttherapie. Den Einsatz von Blut empfahlen die Zeitgenossen jedoch auch zur Heilung von Gicht, Wassersucht oder anderen Krankheiten. Noch im 18. Jahrhundert konnten die Henker bei Hinrichtungen ihre Einnahmen erhöhen, wenn sie das Blut der Hingerichteten auffingen und danach verkauften. Hierbei sollte das Menschenblut jedoch nicht von kranken sondern jungen und vitalen Personen stammen.[43]

Beim Kampf gegen Lepra waren jedoch nach Ansicht der Mediziner größere Blutmengen gefragt. So erhielt König Richard von England aufgrund seiner Lepraerkrankung die ärztliche Verordnung ein Bad in dem Blut eines neugeborenen Kindes zu nehmen und ebenfalls dessen Herz zu verspeisen.[44] Für ein solches ‚Blutbad' waren ebenso menschliches Menstrualblut und bei der Geburt aufgefangenes Blut geeignet. Während des Bades sollte dieses Blut das erkrankte der Infizierten an sich ziehen und dadurch eine Heilung bewirken. Hier kam auch Hasenblut zum Einsatz. Da der lateinische Name für Hase, ‚lepus', dem der Lepra ähnelt und der Hase zudem für seinen ausgeprägten Geschlechtstrieb bekannt war – diesen unterstellte man immerhin auch den Erkrankten – glaubten die Zeitgenossen, dass dieses Blut ebenfalls bei der Therapie der Krankheit eine heilende Wirkung hätte.[45] In Hartmanns von Aue Erzählung *Der arme Heinrich* jedoch ist es das Blut einer Jungfrau, die aus freien Stücken ihr Leben für das des Erkrankten opfern soll.

4. Die Lepra im *Armen Heinrich*

4.1 Schilderung der Krankheit

Hartmann von Aue charakterisiert Heinrich in seinem Werk als das Idealbild eines Ritters. Dennoch

40 Theophrast von Hohenheim, gen. Paracelsus: Sämtliche Werke, Bd. 1, hg. von Bernhard Aschner, Jena 1926, S. 70.
41 Vgl.: Lesshafft: Krankheits- und Therapiekonzepte der Lepra im mittelalterlichen Deutschland, S. 12.
42 Vgl.: Knefelkamp, Bosselmann-Cyran (Hgg.): Grenze und Grenzüberschreitung im Mittelalter, S. 413.
43 Vgl.: Christina von Braun / Christoph Wulf (Hgg.): Mythen des Blutes, Frankfurt am Main 2007, S. 126f.
44 Vgl.: Gottfried Lammert: Volksmedizin und medizinischer Aberglaube in Bayern und in den angrenzenden Bezirken, begründet auf der Geschichte der Medizin und Kultur, Würzburg 1869, S. 190.
45 Vgl.: Lesshafft: Krankheits- und Therapiekonzepte der Lepra im mittelalterlichen Deutschland, S. 12.

erkrankt er auf Gottes Geheiß hin an der Lepra, was der Autor mit dem Schicksal des biblischen Hiob in Verbindung bringt (V. 128)[46]. Dies ist einerseits ein deutlicher Hinweis darauf, dass die Krankheit Heinrichs keinen ‚normalen', irdischen Ursprung hat. Andererseits zeigt der Erzähler damit auch, dass es sich um einen entscheidenden Einschnitt in Heinrichs Leben handelt, einen Tiefpunkt, und weist zugleich auf die kommenden Veränderungen für den Protagonisten hin. Denn wer die Geschichte von Hiob kennt, weiß, dass dies auch erst der Anfang von Heinrichs Leiden ist:[47]

V. 116-119 er viel von sînem gebote
ab sîner besten werdekeit
in ein smaehlîchez leit:
in ergreif diu miselsuht.

Lediglich in vier kurzen Wörtern beschreibt der Erzähler die Entstehung der Krankheit. Auf die körperlichen Veränderungen wie gefühllose Hautflecken, Knotenbildung oder die physischen Schmerzen Heinrichs geht er nicht weiter ein, erwähnt sie nicht einmal beiläufig. Dabei war gerade die äußere Erscheinung der Lepra ein entscheidendes Kriterium bei der Diagnostik im Mittelalter und auch bei der Lepraschau, wobei Hartmann dieser in seiner Erzählung keine Beachtung schenkt. Er stellt lediglich fest, dass der Protagonist an Lepra erkrankt ist. Wie oder auch wer diese Diagnose stellt, spielt keine Rolle. Von Bedeutung scheint somit lediglich, dass der Protagonist aufgrund der Lepra sein Leben nicht wie bisher weiterleben kann. An nur einer Stelle erwähnt der Erzähler, dass Heinrich mit körperlichen Schmerzen zu kämpfen hat: „und im got gequelte / mit grôzem sêre den lîp" (V. 352f).

4.2 Die Veränderung in Heinrichs Leben

Der Erzähler fährt sogleich mit den gesellschaftlichen Folgen fort, die Heinrich aufgrund seiner Erkrankung zu erdulden hat:

V. 120-123 dô man die swaeren gotes zuht
ersach an sînem lîbe,
manne unde wîbe
wart er dô widerzaeme.

Bereits dieser kurze Abschnitt macht deutlich, dass der Protagonist von nun an aus der Gesellschaft ausgeschlossen ist. Immerhin erkennen die Menschen an ihm die schwere Krankheit und meiden ihn, wobei auch an dieser Stelle nur von einer Züchtigung durch Gott die Rede ist. Wodurch

46 Versangaben im Folgenden zitiert nach: Ursula Rautenberg (Hg.): Hartmann von Aue. Der arme Heinrich. Mittelhochdeutsch/Neuhochdeutsch, Stuttgart 1993.

47 Vgl.: Erich Kaiser: Das Thema der unheilbaren Krankheit im „Armen Heinrich" Hartmanns von Aue und im „Engelhard" Konrads von Würzburg und weiteren mittelhochdeutschen Gedichten, Inaugural-Dissertation Ulm/Donau 1964, S. 1-9.

Heinrichs Erkrankung zu erkennen ist, beispielsweise körperlicher Entstellungen, wird nicht näher erläutert. Hartmann von Aue greift an dieser Stelle ein entscheidendes Faktum des Schicksals Leprakranker im Mittelalter auf. Wie bereits in Kapitel 3 erwähnt, wurden sie aus der städtischen Gemeinde ausgegliedert, in ein Leprosenhaus gebracht und ihres Besitzes beraubt. Doch dieses Unglück bleibt Heinrich erspart, entgegen der mittelalterlichen Vorgehensweise verschenkt er seine Güter freiwillig: „[...] und begunde geben / sîn erbe und ouch sîn varnde guot" (V. 246f.). Auf einem kleinen Fleck Land, das ihm als einziges geblieben ist, zieht er sich vor der Gesellschaft zurück (V. 259f). Von der Lepra befallen, beklagen ihn seine Mitmenschen zwar, doch sie ziehen sich auch vor ihm zurück. Einzige Ausnahme bilden ein Bauer und seine Frau, die sich um Heinrich kümmern. Die achtjährige Tochter leistet ihm sogar jeden Tag Gesellschaft, sie meidet ihn trotz seiner Krankheit nicht und es bildet sich eine innige Beziehung: „dâz er ir alsô holt wart, / daz er sî sîn gemahel hiez." (V. 340f). Die Versorgung Heinrichs durch die Bauernfamilie ist vermutlich auf die christliche Nächstenliebe und Fürsorge zurückzuführen, die im Mittelalter einigen Leprakranken zuteil wurde.

4.3 Besuch in Salerno und Montpellier

Heinrich sucht in der Erzählung zwei Ärzte auf, da er sich Heilung erhofft. Dies ist ein nachvollziehbare Schritt, der mit den geschichtlichen Fakten übereinstimmt, immerhin boten die Mediziner im Mittelalter viele Möglichkeiten zu Therapiemaßnahmen an, wie in Kapitel 3.3 näher geschildert. Der erste Arzt im *armen Heinrich* befindet sich in Munpasiliere, dem heutigen Montpellier, wobei dieser dem Protagonisten keine Arznei verordnet und die Krankheit als unheilbar ansieht (V. 178). Heinrich begibt sich danach nach Salerno, um einen weiteren Arzt zu konsultieren. Es ist nicht verwunderlich, dass Hartmann diese beiden Städte in seinem Werk anführt um Authentizität für den Hörer und Leser zu gewährleisten. Immerhin waren Montpellier und Salerno im 12. Jahrhundert für ihre bedeutenden und bekannten Medizinschulen bekannt, die Medizinschule Salernos war sogar die älteste in Westeuropa und galt als Hauptsitz der ärztlichen Wissenschaft[48].[49]

4.3.1 Die Heilung: Das Blut einer Jungfrau

Bei seinem zweiten Arztbesuch erfährt Heinrich schließlich, dass die Krankheit zwar heilbar wäre, es jedoch unmöglich sei, diese Heilung zu bewirken:

48 Vgl.: Ingeborg Hecht: Der Siechen Wandel. Die Aussätzigen im Mittelalter und heute. Mit Bildern von Leif Geiges, Freiburg 1982, S. 82.

49 Vgl.: Wolfgang Eckart: Illustrierte Geschichte der Medizin. Von der französischen Revolution bis zur Gegenwart, Berlin/Heidelberg 2011, S. 11f.

V. 224-233 ir müeset haben eine maget,
diu vollen manbaere
und des willen waere,
daz sî den tôt durch iuch lite.
[...]
so enhoert ouch anders niht dar zuo
niuwan der maget herzebluot:
daz waere vür iuwer suht guot.'

Für eine Heilung kommt also nur ein Bad in dem Blut eines jungen Mädchens in Frage, das zudem ihr Leben freien Willens für Heinrich opfern muss. Diese Bluttherapie unterscheidet sich signifikant von der im Mittelalter tatsächlich angewendeten. Menstrual-, Geburts- oder Hasenblut zur Heilung von Lepra ist nicht mit der freiwilligen Opferung einer Frau zu vergleichen. Interessant ist an dieser Stelle, dass ausdrücklich die Freiwilligkeit des Opfers erwähnt wird, hatten die im Mittelalter Hingerichteten, deren Blut nach ihrem Tod aufgefangen wurde, vermutlich auch nicht ihr Einverständnis für den Verkauf ihres Bluts gegeben. Für den Fortgang der Handlung war es jedoch entscheidend, dass das Opfer auf freiwilliger Basis beruhen sollte. Tatsächlich erklärt sich das Bauernmädchen dazu bereit, Heinrich zu helfen. Die bevorstehende Prozedur des Blutopfers in Salerno beschreibt der Erzähler jedoch nicht genauer. Es wird lediglich erwähnt, dass der Arzt sein Messer wetzt und das Mädchen auf einem Tisch festbindet (V. 1205-1220). Wie genau das Mädchen ausbluten und die Bluttherapie danach vonstattengehen soll, bleibt der Vorstellungskraft des Rezipienten überlassen.

5. Fazit

Die Darstellung der Gegebenheiten und Umstände um Heinrichs Lepraerkrankung in der Erzählung von Hartmann von Aue überschneidet sich zwar teilweise mit den historisch bekannten Fakten, doch es finden sich auch maßgebliche Unterschiede. So findet in *Der arme Heinrich* beispielsweise keine Lepraschau statt. Der Betroffene weiß von seiner Erkrankung, es wird jedoch nicht klar, woher diese Diagnose kommt. Auch auf eine nähere Beschreibung der Krankheit verzichtet der Autor. Zudem gibt der Erzähler die Konsultation der Ärzte nur schemenhaft wieder. Wie die Untersuchung Heinrichs ausfällt, muss sich der Rezipient selbst vergegenwärtigen. Allerdings beruht die Wahl der Ärzte in Salerno und Montpellier auf der historischen Wirklichkeit, da sich hier zu Hartmanns Lebzeiten wichtige Medizinschulen befanden. Indessen erfährt Heinrich ein Schicksal, das viele Leprakranken im Mittelalter teilten: er wird ausgestoßen. Doch geht der Protagonist diesen Weg auch aus freien Stücken. Er kann es nicht ertragen, von der Gesellschaft gemieden zu werden. Immerhin muss er sein Dasein nach der Erkrankung nicht in einem Leprosorium fristen und auch sein Eigentum verteilt er aus eigenem Antrieb, was im Mittelalter eigentlich aus rechtlich festgesetzten Gründen geschah.

Ein wesentlicher Unterschied zu den historischen Hintergründen ist, dass die Ärzte Heinrich keine Hoffnung machen. Sie verschreiben ihm keine Salben, Diäten oder anderen Therapiemaßnahmen obwohl diese im Mittelalter zahlreich waren. Der Arzt aus Salerno nennt lediglich die Bluttherapie, wobei auch diese sich von der historisch überlieferten unterscheidet. Die am Ende der Erzählung stehende Heilung Heinrichs ist kein Resultat ärztlicher Behandlung, sondern ergibt sich aus der Bereitschaft zur Buße des Protagonisten.[50]

Letztendlich schildert Hartmann von Aue in seinem Werk nicht den Aussatz selbst, sondern eine Strafe und Prüfung durch Gott. Dementsprechend kann eine Genesung nicht durch irdische Mittel geschehen, können die Ärzte nicht helfend eingreifen. Der Autor macht deutlich, dass das irdische Dasein endlich ist und Gott stets in das Leben auf Erden eingreifen kann. Denn die Lepra im *Armen Heinrich* ist die Umsetzung eines dichterischen Gedanken, ein Symbol, und daher nicht mit der historischen Wirklichkeit vergleichbar.[51]

---

50 Vgl.: Knefelkamp, Bosselmann-Cyran (Hgg.): Grenze und Grenzüberschreitung im Mittelalter, S. 411f.

51 Vgl.: Kaiser: Das Thema der unheilbaren Krankheit im „Armen Heinrich“ Hartmanns von Aue, S. 3 und 9.

5. Literaturverzeichnis

Primärliteratur

- Hartmann von Aue: Der arme Heinrich. Mittelhochdeutsch/Neuhochdeutsch, hg. von Ursula Rautenberg, Stuttgart 1993.
- Hildegard von Bingen: Heilkunde. Das Buch von dem Grund und Wesen und der Heilung der Krankheiten, hg. von Heinrich Schipperges, Salzburg 1957.
- Hildegard von Bingen: Heilkraft der Natur. „Physica". Rezepte und Ratschläge für ein gesundes Leben, hg. von der Basler Hildegardgesellschaft, Freiburg 1993.
- Theophrast von Hohenheim, gen. Paracelsus: Sämtliche Werke, Bd. 1, hg. von Bernhard Aschner, Jena 1926.

Sekundärliteratur

- Braun, Christina von und Wulf, Christoph (Hgg.): Mythen des Blutes, Frankfurt/Main 2007.
- Dobson, Mary: Seuchen, die die Welt veränderten. Von Cholera bis Sars, Hamburg 2009.
- Eckart, Wolfgang: Illustrierte Geschichte der Medizin. Von der französischen Revolution bis zur Gegenwart, Berlin/Heidelberg 2011.
- Hecht, Ingeborg: Der Siechen Wandel. Die Aussätzigen im Mittelalter und heute. Mit Bildern von Leif Geiges, Freiburg 1982.
- Jankrift, Kay Peter: Mit Gott und schwarzer Magie. Medizin im Mittelalter, Darmstadt 2005.
- Kaiser, Erich: Das Thema der unheilbaren Krankheit im „Armen Heinrich" Hartmanns von Aue und im „Engelhard" Konrads von Würzburg und weiteren mittelhochdeutschen Gedichten, Diss. Ulm/Donau 1964.
- Knefelkamp, Ulrich und Bosselmann-Cyran, Kristian (Hgg.): Grenze und Grenzüberschreitung im Mittelalter. 11. Symposium des Mediävistenverbandes vom 14. bis 17. März 2005 in Frankfurt an der Oder, Berlin 2007.
- Kühnel, Steffi: Civitas Berolinensis. Gesichtstouren zu den Anfängen der Hauptstadt, Berlin 2010.
- Lesshafft, Hannah: Krankheits- und Therapiekonzepte der Lepra im mittelalterlichen Deutschland. In: Die Klapper 14 (2006), S. 11-13.
- Lammert, Gottfried: Volksmedizin und medizinischer Aberglaube in Bayern und in den angrenzenden Bezirken, begründet auf der Geschichte der Medizin und Kultur, Würzburg

1869.
- Schelberg, Antje: Leprosen in der mittelalterlichen Gesellschaft, Diss. Göttingen 2000.

Lightning Source UK Ltd.
Milton Keynes UK
UKHW011828141218
334022UK00002B/351/P

9 783668 005204